JN411316

고요를 품다

김정희 시집

☾ 고요를 품다

지은이 • 김정희

펴낸이 • 강옥현

주　간 • 양재일

발행처 • 도서출판 오감도

초판 인쇄 • 2023년 10월 20일

초판 발행 • 2023년 10월 25일

전화 070-7778-2591 010-3206-2591

팩스 (031) 775-0161

출판 등록일 • 일제 10-1651(98. 10. 15)

서울시 중구 을지로3가 268 유일빌딩 604호

ISBN 978-89-5698-424-7 03810

값 10,000원

시인의 말

차와 함께 해 온 세월이 꽤 길다. 우려난 찻물 속에 비친 내 모습은 늘 흐릿했다. 찻물에 잠긴 나 자신이 선명해질 때까지 마시고 또 마셨지만 내 모습은 늘 어슴푸레하게만 보였다.

어느 순간부터 시의 힘을 빌려 내 모습을 찾아보려고 했다. 내가 들려준 이야기들은 내 귀에 아련하게 들려왔고, 내가 보여준 내 모습은 늘 희미하게 내 망막에 맺혔다. 어렴풋이 들리는 이야기와 흐릿하게 보이는 내 모습을 세상에 내놓으려니 부끄러움만 선명하게 내 앞에 다가선다.

시 창작 활동에 도움을 주신 경상국립대 평생교육원 박종현 교수님께 감사드린다. 늘 가까운 곳에서 나를 응원해 준 가족과 문우들께도 감사의 말씀을 드린다.

2023년 가을 김정희

1

입춘날에

2

오월에

3

어느 날 해거름에

4

겨울밤

1

입춘날에

자연이의 일기

전주 이씨 항렬편 작은 책을 들고
자연이가 제 일기를 읽는다

오늘 밭에 풀이 누워 있었다
그래서 일을 했다
매화나무 밑에 앉아 할아버지, 할머니 아빠와 함께
새참을 먹었다
소풍 같으다
나도 일을 했다
아빠도 일을 했다

글자 상관없이 책장을 넘긴다
고물고물 하루를 읽는다

이른 봄날

배냇저고리 벗지 못한
갓난아이처럼
멋모르던 매화 봉오리

지나는 실바람 날갯짓에
간지러워
톡
폭소 터트리는 소리

감자 심던 아낙네
깜짝 놀라 돌아보니
그 바람 벌써
산수유밭 지나서
텅 빈 논둑길 휘돌아 가네

자연이 출국하는 날

보내는 아쉬움에
애잔한 마음 졸이다
비몽사몽 꿈길 걸었네
그 새 코를 찡긋하며
배꼽 인사한다

너무 반가워 함박꽃웃음
머금고 행복해 하다
앞산 오색 무지갯빛 따라
쫓아간다

따르릉 따르릉 요란한 전화 벨소리
'어머니 비행기 탑승하러 갑니다
도착해서 전화 드리겠습니다.'
며느리의 전화 소리에
화들짝 꿈결에 매달려 있다

우체통

목련꽃 그늘 아래 한 여인이 편지를 쓴다
목련꽃 피는 사월이면 떠오르는 얼굴
우린 늘 오누이처럼 때론 연인처럼
그렇게 살았지
셀 수 없는 세월이 흘러갔어도
마음에서 마음으로 가는 길목에서 서성이던

이루지 못할 하얀 사랑
뚝뚝 떨어지는 목련꽃 닮은 여인이여
애틋한 사랑 다 버리고 간
그곳은 평화로운가
오늘
보이지 않는 우체통에
주소 없는 편지를 보낸다

잉태

현관 구석
만리향 여린 가지 사이에 둥지 튼
작은 뱁새 한 마리

언제 집 지어 이사 왔는지
하루에도 몇 번씩 자세를 옮겨 가며
둥지를 떠나지 않는다

수시로 드나드는 발걸음 소리, 현관문 여닫는 소리
태교 음악으로 들리는지
미동도 않는다

바람에 한갓지게 흔들리는
만리향 잎으로 주렴 내리고
행복한 어미는 꿈을 꾸고

집 한 켠 내주고도 말 없는 나무의 베푸는 마음을

해님도, 달님도
소중한 생명의 잉태에 조심스레 기도한다

새끼 새 하나 알을 깨고 나온다

입춘 날에

아직은 먼 산등성이
잔설은 쑥버무리처럼 깔려
겨울 속에 있건만
봄이란 놈 깊은 잠에서 기지개 켜는 소리
가는 몽상처럼 두견새 울음소리 들리다 멀어진다

겨울부터 봄을 위해 맺은 꽃봉오리
시린 바람에 입 다물고 묵언 중이지만
어김없이 찾아오는 봄
온 우주가 수런거린다

게으름 피우는 내 안의 봄도 불러내
대문 활짝 열어놓고
수줍은 새색시 마중해야지

입춘

묵은 춘방 걷어내고
현관문 높은 곳에
입춘방을 붙이는데
양지쪽 밭 언덕
망태쟁이, 냉이도 고개 들지 못하고
아직은 아니라고 기다려야 한다네

겨울의 긴 꼬리에
봄이 걸치어 넋두리하네

간밤에 날아가는 기러기 울음소리
앞마당 매화 망울이
실눈을 떠본다

우수에 부치는 편지

아직 바람은 차갑지만
따사로운 햇살 따라
버들강아지 고운 눈웃음치며
따라나선다

저 멀리 사돈 할아버지
농기계 손질하는 소리
봄볕 속에 걸어 나온다

창고 속 묵은 시래기 걷어내어
씨앗 봉투 찾아내면

텃밭 황토에
푸른 빛 감돌고
봄이 성큼 밥상 위로
올라앉는다

안쓰러움

떠나는 기러기 울음소리 들리는 듯
달빛도 차가운 보름밤
휑한 들판에
조산한 아가의
개구리 울음소리 가엾다

먼저 핀 봄꽃들도
찬 이슬에 매무새 훔치며
봄이 오는 소리라고 다독거리네

그대 향한 작은 그리움

쉼표를 찍다

세상 넓은 줄도
하늘 높은 줄도 모른 채
저녁노을 붉은 낙조에도
돌아올 수 없던 길

큰 산엔
깊은 계곡 큰 숲이 있거늘
풍우에 휩쓸려 무너지는 한이 있어도
한 입 낙엽 실은 물 흘러가듯
흘러가리라

날 저무는 세월에 버겁던 짐
이젠 내려놓고
돌아오는 길
못 보았던 들꽃도 내려다보며

다 주지 못하고 돌아온 텅 빈 마음

무엇으로 채울까

꽃 잔치로 북적이는 봄이건만

기념식수

40년 전 꿈을 심은
매화나무 한 그루

차가운 겨울을 인내하고
새봄을 기약하는 너

귀한 님 모시듯 정성을 다해
꽃 필 날 기다리며 즐거워했네

올해도
어렵게 만나는 애인처럼
가슴 설레게 하는 너

긴 세월 뒤안길에

검고 거칠어진 등걸
옹이 지고 이끼가 덮였네

돌아 돌아 머언 길
속이 썩고 겉이 헐어 미치지 못하는 사모思慕
고목에 피는 매화

내 남편의 미소다

기다리는 마음

기다리지 않아도 오는 너
입춘이 지나고 아직은
시린 햇살이 담벽에 기대어 서지만
오늘은 예년의 날씨보다 따스하다
하늘 닿은 모과나무 가지에
조랑조랑 달린 참새 떼들
봄의 시작 대동회라도 열었는지
겨우내 움츠렸던 귓바퀴를 모으게 한다
산수유 매화나무 봉오리들
아직도 눈감고 동장군 물러가길 기다리고
키위밭 양파와 마늘 어렴풋이 몸을 추스른다
얼어서 늘어진 풀을 보고 할머니 풀이 누워 있다며
깡충깡충 뛰어다니는 우리 손녀
남편은 과수목 전정을 하며 봄맞이하는 마음이 분주
하다
모든 생물이 꿈틀거리는 자연 속의 순리
기다리는 미학을 배운다
새로운 봄을 맞는 내 마음 매무새를 다듬는다

시골장터

아이 성방댁!
웬 강아지요?

누렁이가 강아지 여섯 마리를 낳았소
어미가 젖 먹인다고
비쩍 말라 죽을 지경이라
오늘 장에는 꼭 다 팔고 가야 돼

아직 초장이라 잘 팔리겠지, 이쁜 강생이들이라
나도 시금치 팔러 왔소
빨리 팔고 가야 해
봄에는 할 일이 어찌 많은지!

경칩

과수원 언덕길
활짝 핀 매화
간밤 내린 찬 이슬로
마알갛게 얼굴 씻고
아침 햇살처럼 헤헤 웃는다

아까시나무 꼭대기 까치집에도
봄 햇살은 총총 내리고
겨우내 비워두었던 빈집
대청소라도 하는지
조용하던 맑은 하늘이 시끌벅적
봄을 물어 올린다

앞 개울 하얀 얼음장 밑
낮은 물소리에도 봄은 흐르고
먼 산 두견새 울음소리
나지막하게 들릴 듯 말듯

귓바퀴를 둥글게 모아
애써 여운을 좇는다

경칩 날 아침
지축을 울리는 봄 소리들

묵정밭 정리

뭇 잡풀들이 무리 지어 군락을 이룬 덤불밭

봄 오니
노모의 성화에
칠순 넘은 사위와
이빨 빠진 갈쿠리
허리 잘린 몽당 갈쿠리 모두 나와
씨앗 넣을 준비를 한다

덤불 속에는 노모의 삭은 육신
오랜 세월 동안 뙤약볕에 주인 잃은 무딘 호밋자루
이랑이랑 엮은 세월의 파수꾼이 있었다
휘리릭 불어오는 소소리 바람도 걷어낸
건초 위에 나뒹굴며 장난질을 하고
밭둑가 여린 매화도 살며시 웃으며
묵정밭 새 단장하고 잔치라도 하는 듯이
풍경 속으로 걸어온다

화사한 봄빛 앞세우고
날마다 눈뜨면 보이던 덤불밭 안타까워하시던
노모의 숙제 풀리는 하루
가슴에 무거운 짐 하나 내려놓는다

손자 사랑

봄빛과 쪽빛 가득한 바닷가
손자 따라 물수제비 띄우면
바다도 햇살도 까르르 한 가족
"할머니 바다가 좋아"
쬐끄만 찔렁게 한 마리 치켜들고
신기해 어쩔 줄 몰라 하는
네 살박이 하준이
멀리서 밀려오는 작은 파도도
상냥하게 하트 모양 짓는다

꼬마천사
이슬처럼 영롱하고
별처럼 반짝이는
초록별 예쁜 내 손자
그 맑은 눈빛 앞에서는
나는 아무것도 고집할 수가 없네

2

오월에

인연 1

우르르 쾅쾅
저 천둥소리

그녀의 뼛속 깊이 간직했던
절개 덩어리 부서지는 굉음인가

폭우가 쏟아진다
그녀의 가둬 뒀던 속울음인가
차마 말하지 못했던 세월의 연
어깨에 무거운 멍에 벗으려 한다

돌부리에 걸리고 넘어져도
속으로만 삭였던 침묵
함께한 세월을 다 버리고
불을 찾아 떠나는 부나방처럼
겁 없이 떠나려 한다
긴 획 하나 그으면서

인연 2

온유하고 조신한 천상의 여자
어느 땐가 둥근 다포에 매화 한 다발 그려 넣은
귀한 선물 감동시키더니

지난 추석엔 손수 그린
국화 문향 넣은 검정 고무신 한 켤레 보내와
유년을 그리게 하던 그녀

가끔은 징검다리처럼
소식이 뜸할 때도 있지만
마음속에 늘 닮아가고 싶은
다소곳함을 일러주는 그녀

노을빛 곱게 내려앉는 오후
고샅길 함께 걸어가고 싶은
편안한 옷차림 같은
등 기대어 쉬고 싶은 그녀

장맛비

낮에는 감질나게 추적추적 내리더니
간밤에 채권자 행패라도 부리듯
천둥과 번개로 때리며 부수며 쏟아졌던 큰비
놀란 대숲의 새들
잠깐 나온 아침 햇살에
서로 문안 인사 나누느라 야단들이다
비탈진 키위밭에 심은 어린 콩 모종
온몸 흙탕물로 뒤집어쓴 채 제 모습을 잃고

산다는 건
피할 수 없는 걸 받아들이는 일인지도 몰라
불볕에 담금질 견디면서
폭우 속에서도 속살 기르며
열매는 여물어가고
무더운 여름도 빨갛게 익어간다

어머니

굽은 등이 추운 겨울이다
무너지고 주저앉은 육신을 바라보는
서쪽 하늘 붉게 물들이는 노을처럼
마지막 밝혀주는 등불
소리 없이 들리는 우레
축 처진 어깨 내려앉은 가슴으로
새벽마다 염주 돌리며 기도하시는 어머니
내 기도가 거기까지 찾아갈 수 있을까
엄마 영성으로 들려요
동그랗게 굽은 어머니의 등 뒤에선
잔잔한 법문이 흐른다

배웅

서울의 찌푸린 하늘
노모의 심산心算만큼 흐릿하다
배웅 나온 아들의 무표정
지친 모습 애써 지우는 듯

노모는 연신 웃으면서
눈을 떼지 못하고
아쉬움을 뒤로한 채
차는 출발한다

차창 밖 어리는 백목련
그나마 봄 풍경이라고
노모를 위로하며 배웅을 한다
골 진 주름에 지난 세월 엿보인다

아릿한 매운맛
얼기설기 엮은 멱들이인가

끝없는 사랑은 흘러만 내리고
뒤로하는 플랫폼의 불빛이 빙그레 웃는다

떠나가는 노모의 온몸으로
아들의 사랑 향기가 스며든다

오월에

연둣빛 파란 산
흰 구름 걸쳐 흐르면

산새들의 재잘거림
노랫소리로 흐르고

눈부신 햇살
감잎에 입맞춤하곤
수줍어 살랑살랑
고개 흔든다

내 어린 시절
슬그머니, 그리움으로 다가오고

저 건너 녹차 따는
아낙들의 찰진 이야기

소쿠리 속에서

차곡차곡 사려 앉힌다

오월 사일

새벽부터
우리 부부
뒷마당에 솥 걸고 장작불 지펴
곰국 끓인다고 야단법석

지나가던 바람도
장작불에 부채질하고
떠가던 구름도
매운 연기 달아 올리네
앞마당 전주에 까치도 짹짹
아들 손자 온다고 생각만 해도
마음은 절로 그들에게 달려가고

떠나고 나면
언제나
혼자만의 짝사랑만 남는 것을

고요를 품다

곡우 지난 따스한 봄날
예쁜 찻잎 곱게 따서
우리들의 이야기
차 한 잔 맑게 우려내고 싶다

산기슭 뻐꾸기 울음마저
찻잔 속에 빠져있는 해거름

봄의 풍광

노을 지는 봄날
살얼음 걷어낸 유수지 바라보면

살랑거리는 실바람
고운 물결

겨우내 얼었던 가슴 내려놓고
따스하고 포근한 봄을 맞으면

청둥오리 몇 마리 일렁이는 물결 따라
미끄럼 타며 사랑놀이 하는데

자연이 그려놓은 동양화 한 폭
내 마음속 고요히 젖어 들고

실비단 길게 늘어뜨려
바람결에 곱게 춤추는 무희들

겨우내 얼었던 가슴 내려놓고
뭍으로 밀려갔다 사라지는
조용한 물결 위로
따로 떨어져 있던 청둥오리 두 마리
마침내 흘레를 붙는다

봄비

어찌 그리 알고 올까
이맘쯤

새색시 신방에
귀 기울이듯
소리 없이 소곤소곤
다정하게 말을 거는 당신

이 비 그치면
봄은 빠르게
달려온다고

유리창에 맺혀
아롱아롱 추억들 매달고
묵은 살 씻어 내어
하얀 속살 드러낸다

내 깊은 심골에도
다정한 봄비 내리면
꽃씨 하나 싹 틔워
향기 내려니

봄

들녘 빈 논에
자운영 붉게 피면
농부들 써레질 바빠지고

우는 개구리 울음소리
왁자지껄
온 들판을 가득 채우면

청보리밭 푸른 파도
어깨동무 출렁출렁
햇살 이고 반짝거리고

높이 오른 종달새도
휘몰이장단에 노래 한 곡
종알종알 신바람 난다

일 년 농사 시작되는 봄의 축제

올해도 풍년을 기약하는
농부들의 일손 바빠진다

준비된 밥상 위
내려앉는 오월의 햇살

달빛 차회

하얀 둥근달이 고즈넉하게 내려앉은 밤
다우들 예쁜 한복 차려입은 모습
달빛과 어우러진 한 폭의 그림이네
차분히 앉아 차 한 잔을 나누며
차향 속에 들어가 본다

초여름 밤 신선한 바람이 살갗 스치며
일상의 번거로움을 싣고 가고
차 우리는 고운 자태에 이끌려
살포시 내려앉은 보름달
초전공원 잔디밭에 다담이 흐르고 시조창이 흐르고
선비들 도포자락 휘날리며 달빛을 희유하니
찻잔 가득 들앉은 달
차향에 취해 떠날 줄을 모르네

봄은 열리고

따스한 햇살 곱게 내려앉으면
우리 집 정원 봄의 개막식
며칠 전 매화는
어느 집 규수의 돌려 홈친 치맛자락처럼
귀티가 나더니
어느새 활짝 새하얀 나비 되어 앉은 모습
때 묻은 내 마음 부끄러워 움찔해지네
봄은 무언으로 조용조용 오건만
겨우내 비워두었던 마음 챙겨보니
머리가 지끈지끈
머잖아 봄은 야단법석일 테고

극치

손대면 으스러질 것 같은
저 여린 새순들
해맑은 햇살과 토닥거리는 모습
빨가벗은 아가의 몸짓이다

온 산야에 연둣빛
새색시 새 마음
뻐꾸기 울음소리 더 청아하게
오월의 싱그러움을 더 한다

연둣빛 짙어져 녹색으로 변하듯
설렘이 짙어져 울렁증으로 변하네
세월의 겹질린 잔해의 울림인가

저 오월, 화려한 초례청

스승의 날

창밖에 비는 끊임없이 내리고
교수님의 문학 이야기
꽁꽁 동여매던 매듭을 풀어 젖힌 것처럼
술술 거침없이 풀려 나온다
함께 앉아 들을 때는
여기서도 시가 한 수 나오겠구나
막힘없이 유려하게 흐르다가
때론 보이지 않는 심연의 깊이였거늘

아, 시는 순례의 길인가

망종, 오뉴월

앞산 뻐꾸기 소리 외롭게 들려오는 한낮
보리까스라기 태우는 들녘에
매캐한 연기 군데군데 구름 따라 피어오른다
고소한 냄새 온 들판을 메우면 지나가는 바람도, 새들도
코 벌름거리며 바삐 지나간다
물 실은 논 간밤에 개구리 울음소리로 난장판이더니
무중뱅이 농부 써레질 바쁘다
거두고, 심고, 뿌리고, 무논의 남정네들 얼굴
제목 없는 화상을 그리고 나돌아도
밉지 않은 정겨운 모습들
노루가 아기를 업고 달아나도 쳐다보지 않는다는데

온 식구 달려들어 보리타작 한다
논둑가 어린 아이 하얀 먼지 둘러쓰고 낮잠도 잘잔다
하늘의 희미한 낮달도 고개 끄덕이고

나에게도 오뉴월 같은 벅찬 시간들

바람에 일렁이던 고개 쳐든 보리
파도처럼 출렁거리던 시절도 있었지

오뉴월 내려앉은 한낮의 풍경

녹차밭

조각달을 이어붙인
낮달이 뜬다

찻잎 따는 아낙의 등
연록색 상현달로 휘어가는 하루

홰치는 장끼의 울음에
찻빛으로 이우는
봄날

3

어느 날 해거름에

참깨 수확

톡 톡 가을을 턴다
주루루 주루루 깨 쏟아지는 소리
풍성한 가을의 소리

긴 장마에 입은 상처 보듬고
뜨거운 뙤약볕 아래서도
때 되니 스스로 여물어
작은 씨앗들로 한가득 채워졌네

떨어지는 깨알 손끝에 묻혀
가을 거두니 돌아가신 시아버님 생각나네

바지저고리 주머니마다
온갖 곡식 다 주워 담아 다니신다고
귀찮아했던 그때가 생각나네

참고 기다리는 법을 배우며

한 알의 밥알도 소중히 여기는
농부의 마음 조금은 알 것 같네

새벽

넌 내가 부르지 않아도
꼭 일어나 함께 앉는다

귀뚜라미 가을 노래
까만 어둠 속을 가득 채우고
밤이슬에 흠뻑 젖은
풀잎들 묵언도 들으며

모두 잠든 고요한 새벽
내 영혼이 자유로이
유영할 수 있어 참 좋다

저 넓은 바닷속에
고래들의 들숨 날숨처럼
큰 숨 한번 들이쉬고

새벽에 꾸는 꿈

수없이 많은 헛물레짓도
곱게 미소지으며 사려놓는
네가 있어 나는
참 좋다

사래 긴 밭 쟁기로 갈아
땅심을 가꾸는 아버지도 보인다
어둠을 밀어내는 새벽이 보인다

왜소해지는 계절

가을바람에
마른 잎 굴러가는 소리
사그락사그락

새소리 풀벌레 소리
동안거 들었을까
보이지 않고

곱게 물든 단풍도
스산한 기운으로
가슴 가슴으로 스며들고

밟히고 짓눌려도
대지의 자양분이 될 거라
낙엽들이 비운 마음

이별하며 비켜주는 계절

처서

발밑에 홑이불 끄집어 덮는다
밤낮으로 자지러지게 우는 매미 소리
밤잠을 설치게 했던 지난여름
아직도 한낮의 무더위 여름 중심에 있지만
밤이면 낮게 들리는 귀뚜라미 소리가
남몰래 가을을 불러들이고 있다

그 무성하고 뜨거웠던 여름
내 젊음이 부릴 수밖에 없던 객기도
계절의 순리 앞에서는
모두 버려야 하는 것을

머지않아 마를 잎들처럼 저절로 왜소해지는 마음
그러다 천천히 단풍으로 물들어
맨몸으로 맞서는 겨울나무로 남겠지
그러다 다시 봄으로 태어나는,

어느 날 해거름에

산 그림자 조용히 내려앉으면
재잘거리던 새들
고요 속 찾아들고

산꿩 날갯짓
고즈넉이 들리면
지난 세월 내 눈앞에 서성인다.

잔디 깔린 앞마당
맑은 웃음소리 뛰어다니고
무공해의 새순들
환한 꽃으로 피어나
튼실한 열매로 주렁주렁
저 산 그림자 자라서
들녘 보랏빛으로 덮이면
또 하루가 저문다

수 없이 내려왔던 산 그림자는
늘 그 자리에 변함이 없건만
지나온 나의 삶은
세월에 저며 둔 아픔으로 익어

다솔사 저녁예불 목탁 소리에 묻어오네

동갑계 모임

들어서는 방안이 환하다
오늘은 무엇으로 화젯거리가 될지
마음 편안한 자리
네 허물 내 허물도
지나온 세월의 이야기로 풀어보는
수다들이 온 방안을 날아다니는 날

어제도 내일도 없는 듯
지금 이 시간이 가장 행복한 듯
큰 것도 아닌 아주 작은 이야기들
잘 나고 우아하지 않아도
부러울 것 하나 없는 날
구겨진 마음 펴 보이는 날

검게 탄 골 진 주름 마주보며
너 나 세월을 읽으며
오늘 잠깐 터보는 날

쌓아 두었던 삶의 실타래
서산마루 해 넘어갈 때까지
물레나 잣는 날

독백

하루를 여는 아침
상큼한 바람결이 좋다
살갖에 닿는 이 느낌
창틈으로 들어오는 주홍빛 햇살
아무렇게나 칠한 것 같은 저 하늘
마당에 널어둔 빨간 고추도
바람 냄새로 녹은 마음도
눈에 보이지 않는 풍경 속
그 풍경까지 보여주는 이 계절
가을은 누구나 시인이 되나봐
나이도 잊은 채
푼수 같은 철없음으로
또 다시 자연을 배우고
나이 들어 언젠가는 돌아가야 할 자연을
더 좋아하게 되나봐

풀벌레 화답하는 소리
가을이 걸어온다

모자를 벗다

그는 내 가슴에 살면서도
전혀 나와 다르게
내 위에서 군림하기를 좋아한다
나보다는 자신을 더 드러내고 싶어하는
장닭의 벼슬 같은

여물지 못한 그를 벗고
태양 아래 민낯으로 서
그 안에 숨겨진 나를 펼친다
흙냄새 풀냄새 향기로운 바람을 밀쳐낸
뜨거운 햇살이 내 얼굴을 썬팅한다

공작 깃털 같은 모자를 벗은 날

벼들을 바라보며

논둑에서
벼들을 바라보았다

참 힘들었지
이 가을

이게 어디 너 혼자만의
황홀함이겠는가

서로 맨살 비비어
폭풍우에 부대끼며
오랜 가뭄에 목이 타도
밤이슬 나눠 마시면서
어깨 나란히 기대고 살아왔지

한 알의 씨앗들로
이런 풍성함을 다 주네

들판의 출렁거림이
바람에 덩실덩실
춤사위로 이어진다

굿거리장단에
내 어깨에 얹힌 가을도
흥겹게 춤을 춘다

그림자

해질녘이면
그리움이 젖어온다

벽에 비친 그림자
내 마음을 담아본다

산 정상에 서서
지팡이 짚고
올라온 길 내려다보니
어느새 내 인생도 가을이었다

세월의 무게
버티지 못해
하얗게 센 머리카락

야위어진 내 모습은
바람에 흔들리며
집착의 끈을 놓으라는 만리향 가지 하나

느슨해진 옷깃
다시 여미며

한 땀 한 땀 바느질하며
겸허한 마음으로
기워가는 시간

운무 낀 산허리에 달마상 하나 가부좌로 앉았다

구절초

늦가을 마지막 꽃

당신 안에서
늘 고운 꿈을 꾸었던 것처럼
구절초 하얗게 핀 둑방길을 걸어갑니다

그대의 향기 고스란히 배어들어
그대를 닮은 듯한 착각도
바람 많은 저녁입니다
여름내 땀 흘리며
그을린 농부들 벗 삼고
세월의 아픔 곰삭은
늦가을 달빛으로 그리움이 쌓입니다

햇살 좋은 날
노란 꽃심에 바람 스치면
살아온 한 세월
고운 향기에 실어 힘껏 건네는 늦가을입니다

가을비

자작자작 가을비
아랫목에 담가둔
농주 익어가는 소리
비틀대던 내 유년이 다가오네

아버님의 문상 길은
한 잔 술에 저물고
호롱불 밝혀두고
애태우시던 어머님

깊은 밤 가을비 소리
시름 젖은 그리움

누렁호박

덩굴에 가려 보지 못했던
누렁호박
지름 오십 센티 무게 삼십 킬로다
펑퍼짐한 엉덩이 턱 퍼질고 앉은 모습
거실의 터줏대감이라도 된 듯
넉넉하다
반듯하지도 예쁜 구석도 하나 없는 가슴 골 진 두둑에
얼룩덜룩 여름이 그린 화상들로
매력인 양 의연한 모습이다
여린 잉탯줄 하나로 몸을 맡긴 채
낮은 땅만 내려다보며 하늘 한 번 쳐다본 적 없이
한여름 잔인한 뙤약볕 안고 견뎌온 한 살이

울퉁불퉁 소박하고 보잘것없는 겉모습이지만
제 모습에 주눅 들지 않고
가슴속에는 늘 저만의 자존감으로 물든
빨간 속살 키우면서 몸은 늘 마음 따라간다는

진리로 살았지
꽃 피고 잎 피어 여기까지 와 보니
늙어서 사랑받는 이는
너뿐인가 싶다
잘 익어 달달할 너의 빨간 속살이 참 매혹적이다

어처구니

사선 안의 그의 모습 그리면
생채기에 다시 덧칠을 하는
아리는 마음 심신을 덮쳐 온다

애써 아무렇지 않으려는 표정
하얗게 그리고 와서는 고요한 몸짓으로
힘든 마음을 기대라고

나는 가장이고 너희들의 지렛대
속으로 외치는 비장한 각오가
캄캄한 터널 속 환한 햇살을 그린다

앞마당의 상수리나무 그늘도
맑은 햇살에 두터워질 준비를 하고
주저앉은 사람들의 마음을 일으켜 세운다

스트레스

일상이 띵띵한 감자 같다
바로 봐도 돌려 봐도
제 구실을 다 하지 못한 채 썩을 감자
누가 찔러도 반응이 없을 무감각인 감자
맞지 않고 거듭되던 여건 속에서
가고 싶은 탈출구를 잃어버렸나
먹다 남은 박스에 썩어가는 감자 한 톨
못내 머리에서 지워지지 않는 것은
꼭 누구를 닮았기 때문만은 아니다

박꽃

땅거미 찾아드는
어스름 내리면
소복으로 단장한
여인의 모습처럼
소박하기 그지없는 하얀 미소

햇살 내리는 한낮에는
소란스러운 세상사에
그 하얀 속살 들킬세라
주름 문 내리고 외면하고

조용히 잠드는 적막한 밤이면
달빛과 별빛의 품속에서
외로움 삭혀
해맑은 빛으로 어둠 밝히며

맑은 밤이슬 가득 머금고
밤새도록 순백을 다듬는

소박하고 순결한 여인의 마음
내 마음에도 박꽃이 피고 지고

그곳

고향 옛길 걸어본다

산소 오르는 밭길에 시간은 멈춰 서고
데굴데굴 굴러다니는 돌밭길
언덕마다 묵정밭엔 억새풀만 진을 치고
지심매던 숙이엄마 원이엄마 웃으며
뛰어나올 것 같은 모습들
자주 올라 내 유년이 놀던 곳

환한 달빛 아래
다정했던 우리들의 이야기도
달맞이꽃 바라기도 옛정 그리며
설레는 가슴 그리운 추억으로만 남아
아련한 세월 자락 잊을 수가 없네

4

겨울밤

초겨울

이제는 놓아버리고 싶어요
아련한 기억 속으로
깊었던 우리의 끈도
놓아버리고 싶어요

나
당신
이제는 모두 벗어버리고 싶어요
이렇게 보내야 한다는 것을
이른 봄부터 알았더라면
그 화려함 물들지 말 것을

안경

하얀 안개꽃 피었네
살 같은 세월의 선물인 듯
맑은 하늘가 구름은
아련한 무채색으로 말을 걸고
시간은 소리 없이 흘러
힘겨운 발걸음으로 여기까지 왔는데
남은 여정 함께 할 내 친구
콧잔등에 앉아 있는 그대
심심한 오후가 깊은 골짜기 속에서
때 낀 먼지를 닦는다

눈 밖의 경계를 본다

여백

검버섯 핀 손으로
책장을 넘기는 노모
귀 쫑긋하는 손녀

동화 속의 주인공인 양
멀고 먼 거리
타임머신을 타고

고목과 새싹의 마음이
어디쯤 조우했는지
깊게 팬 주름살에
보랏빛 미소 흐르고

무지개 뜨는 샘물가에선
생의 시작과 끝자락
아름다운 그림 한 점이 보이네

창문 사이 맑은 햇살도

때맞춰 어깨동무하네

여백 2

먼 길 걸어온 세월
각자의 무거운 짐 내려놓고
한 골짜기에 알몸으로
마주 앉아 보았네

너도 나도 빗장 걸린
지난날을 열어 봤네
쌓여있던 상흔들
옹이에 성냥불 지피어
울고 웃었지

금실 은실로 엮어 가자던 약속
실금 긋던 이야기 능선을 넘나들고
하얀 밤 지새도록 엉킨 실타래 풀어가며
서로에게 들앉았네

돌아오는 길목
뺨에 닿는 바람은 차가운데

우리들의 마음엔 뿌연 안개 다 걷히고
따스한 봄 햇살 문전에 기다리고 서 있네

병동에서

그림자 길어진 오후 시간
옮겨져 오는 할머니 한 분
창가 여린 햇살 반가운 듯 눈짓을 한다
참깨꽃처럼 보송보송 고운 모습
수줍은 새댁 웃음 웃으신다

언젠가 넘어지면서
삭아버린 할머니의 기억
빛바랜 시간의 껍질 속 저며 드는,

엄마 나 누구야
몰라
큰딸이 묻는다
엄마 이름은 뭐야
이 귀 순
그러고는 선생님 감사합니다
선생님 고맙습니다

순수하고 청아한 마음의 언행이 보살인 듯
예쁜 치매로 우리를 따뜻하게 한다
삭제된 메모리
다시 복원할 수는 없을까

시금치

비탈진 언덕배기
겨울 맞은 밭이랑에
찬바람 피하려고
땅에 바짝 엎드렸다

엄동설한 긴긴날

밤에는 시린 마음
별들과 노래하고
낮에는 따스한 햇볕으로
초록빛 미소 머금었네

모두가 찬 바람에
잿빛으로 변한 세상
모진 세월 살아온
할머니 마음 같은

짙어가는 그 향기

산토끼 입맛 다실까 두렵다

얼쩡거리다

진주는 눈이 펑펑 내렸다면서요
서울엔 쌓인 눈
미끄러운 눈길만 있네요

나가지 말고 따뜻한 방에 엎드려
만리향 덮인 눈
시 한 편 써 보라는 김 시인의 카톡

서울 계시는가 봐요
시는 시작도 못 했는데
눈은 다 녹아내리고
추녀 끝의 낙숫물 떨어지는 소리만
안타까운 노래로 남네요

시 쓰기

이야기하듯이 쉽게 쓰라 하건만
기대 속에 다가가면 더 멀어져 가는 말들
해도 달도 바람도 시 되었다 사라지고
곰삭은 맛 찾다가 찾다가
시간은 흘러 하얀 백지로 남고
앞마당 감나무 까치밥은 저 홀로 붉다

그댈 보내며

빈 몸 간신히
허공에 기대고 앉아 있는
그 집 바라보면

주인 잃은 문풍지는 바람만 붐비고
널브러진 삶의 부스러기들 수런거리네

수많은 세월의 이야기들
소리 낼 수 없어
속으로만 저며 둔
흐느낌이 터져버린 날
아픈 세월의 기억 지워 버린 채
가벼운 깃 달고 떠나가셨네

파란 이파리들의 그 꿈들
푸른 하늘에 띄워 보내고
마지막 가는 길

새봄 오면
앞 뒷산 새들의 노랫소리 어쩌시려고
밭 마당가 우는 개구리 울음소리는
또, 어쩌시려고
잃어버린 세월의 그림자만
남기고 가셨네

서포 초옥에서

옷깃 여미는 찬바람 부는 날에도
선홍빛 동백꽃 만발했다

좁고 작은 방
힘들었던 세월 입고 앉아
여린 겨울 햇살 묵묵히 깔리는

동백꽃 송이째 내려앉는 땅거미 진 저녁
울타리 사이로 간혹 보이는 바다
시린 마음 담그니 너울에 일렁이는 노을

세상사 버리고 밟은 땅
낯설음도 뼈 아픔도 다 녹아내린 날들

마당을 가득 채운 고요
모두가 겨울빛이다

시 쓰는 일

벙어리가 든 말을 뱉지 못하는 마음
난쟁이가 키 클 줄 알았던 마음
시를 쓴다는 것은
자갈밭의 원석을 찾아내는 것을 몰랐던 마음

오늘도 백지 한 장 들고 앉아 낙서만 하다 던져버리고
텃밭에 나 앉았다 마늘밭 이랑에 가득한 풀
무심코 뜯어내고
돌아보니 세 이랑을 다 뽑았네
시는 비루 같은 군더더기 다 치우고
마늘만 세우는 것인 걸
밭이랑 돌아보니 산뜻한 마늘밭이 시를 썼네

남성당 한약방

거기 가면 허름한 곁방 안쪽에
정좌로 계시는 노인 한 분

부처님처럼 볼그레한 홍안으로
손님을 맞이하시는 그분
타임머신을 한참이나 돌려놓은 듯

조용한 미소
해탈한 하회탈을 쓴 선사같이
행복 속으로 나를 끌어들인다

세월만큼이나 오래된 벽시계
주인장의 성품처럼 걸려 있고
역대 임금님들의 옥새로 찍어놓은 자국들이
표구 속 온화한 모습으로 내려다본다

남의 아픔을 어루만져 주는 주인장이
진정한 임금이다

송년

갸우뚱갸우뚱
비비새 한 마리
백미러 들여다보고

갸우뚱갸우뚱
처음 보는 제 모습에 어리둥절
이쪽저쪽 들여다본다

새 출발을 위해
창과 뒤를 바라보며
백미러 같은 두 눈이 필요한 우리들

서로 간의 안전거리

송년이다

겨울밤

잘 말린 곶감 한 접시
윗목에 두고

전설처럼 정겨운 추억의 바다를
거닐어 보는 밤

빨래 씻던 개울물은
꽁꽁 얼어붙어
썰매 타던 동심들
웃음소리 쟁쟁하고

따스한 차 한잔에
세월의 실타래
풀었다 감았다 하는 밤

문풍지 샛바람에
졸음에 겨운 등잔불 가물거리고
어둠은 깊어가는데

멀리서 부엉이 소리만
저 혼자 구슬픈 밤

겨울 아침 바다

이른 아침
베란다에서 바다를
내려다본다

하얀 포말 그리며 심호흡하는
저 잔잔한 속삭임

젖은 날개 비비며 나는
갈매기 한 쌍
포효하며 달려들던 파도도
서로 쓰다듬고 어루만지는,

저 멀리 수평선 위에
닻을 내린 서너 척의 배
모두가 평화로운 한 폭의 그림

내 쓸모없던 비루한 생각들
잔잔한 바다로 던져 보낸다

거울 앞에서

낯익은 얼굴
너는 나를 보고
나는 너를 보고

흘러간 세월
뒤돌아볼 새도 없이
내 마음 그대로 보인다는
이순이 한참 넘은 나이
내 앞에 마주했네

젖고 말리고 뒤척여도
세월은 그대로 흘러
변명할 여지도 없이
너를 보고 만족해야 하는구나

헛헛한 세월 일으켜 세워
다시 쌓고 지우는
나와 너는 자주 만나야 할 사이

황혼

폭염이 이글거리는 한낮
시내 한복판 건널목
리어카에 파지를 가득 실은
휘청거리는 짐의 무게
비틀거리는 노인의 걸음이 무겁다

언젠가는 찬란한
한때도 있었던가
저 거미 같은 몸을
저녁 햇볕을 쬐며 걷는다

수많은 언덕 넘어
흘러온 오늘
남을 것도 모자람도 없는
노인의 지난 세월

짙은 그림자 하나 황혼을 그리고 있다

무욕無慾과 순수가 우려낸 본향의 세계

—시집『고요를 품다』

박종현(시인)

무욕無慾과 순수로 직조한 마음의 본향

〈시는 인간의 정서를 맑게 하고, 생각의 깊이를 더해주는 문학의 정수이다. 그런데 시가 독자들로부터 외면받고 있다. 시가 읽히지 않는 것은 시인들의 잘못이 크다. 뜻도 이해할 수 없는 시를 남발하다 보니 언젠가부터 독자들이 시에서 멀어져 갔던 것이다. 그러나 이제라도 시를 읽어야 한다. 마음을 따뜻하게 하는 맑고 고운 시. 사랑하는 마음을 길러주고 행복으로 이끌어주는 서정적이고 정감 있는 시를 많이 읽어야 한다.

시를 많이 읽는 사람이 마음이 맑고 사랑이 넘치는 것은, 시는 마음의 본향과도 같은 것이기 때문이다.〉

—김옥림 시인의 『시가 내게로 와서 꽃이 되었다』에서 가려 뽑음

오랜만에 마음의 본향과도 같은 시를 만났다. 김옥림 시인의 말처럼 '마음을 따뜻하게 하는 맑고 고운 시. 사랑하는 마음을 길러주고 행복으로 이끌어주는 서정적이고 정감 있는 시'를 만났다. 읽는 사람의 마음을 맑게 해주고 읽는 이의 마음속에 사랑이 넘치게 하면서도 순수한 세계로 이끌고 가는 시를 만났다. 김정희 시인의 시집 『고요를 품다』에 실린 66편의 시가 바로 '마음의 본향'에 닿아 있는 시가 아닐까 하는 생각이 든다. 순수한 마음의 본향에 닿는 길은 다양하다. 그 순수한 마음의 본향에 닿기 위해선 노둣돌이나 징검돌 역할을 하는 소재들이 필요하다. 노둣돌은 수직적 소재인 날실과 같은 구실을 하고, 징검돌은 수평적 소재인 씨실과 같은 역할을 하는데, 노둣돌과 징검돌 역할을 하는 날실과 씨실을 잘 직조해서 '순수한 본향'의 세계라는 직물(천)을 탄생시킨 것이다. 기계에 의해 직조된 것이 아니라 자연, 녹차, 이슬, 꽃, 고향, 어린이, 어머니 등과 같은

소재를 통해 직조한 피륙인 '순수한 본향'이기 때문에 오랜 시간을 바탕 삼아 직조했을 것이다. 따라서 김정희 시인의 작품에는 느림의 미학과 그윽한 감동이 담겨 있음을 발견할 수 있다. 느림의 미학이 만든 순수한 본향의 세계를 만나는 순간순간이 독자들에게 봄 햇살 같은 감동을 건넬 것이라 믿는다.

날실과 씨실로 직조한 피륙이 어떤 무늬를 지녔는가는 징검돌과 노둣돌 역할을 하는 소재에 달려 있다. 녹차와 이슬, 꽃, 어린이, 어머니처럼 날실 구실을 하는 소재와 자연, 고향과 같은 씨실 구실을 하는 소재들이 잘 어우러져 직조된 피륙의 무늬가 직물의 가치, 즉 시의 맛과 멋을 결정한다. 김정희 시인이 직조한 피륙의 무늬는 무욕無慾과 순수다. 그 무욕과 순수를 직조하는 데 쓰이는 대표적인 소재가 바로 어린이, 어머니, 녹차, 이슬, 꽃, 그리고 고향과 자연이다. 어린이, 어머니, 녹차, 이슬, 꽃, 고향과 자연이란 소재로 닿은 무욕과 순수의 세계가 궁극적으로 성취하고자 하는 것은 바로 행복이다. 김 시인은 대단한 성취에서 행복을 느끼는 것이 아니라 주변에 흔히 만날 수 있는 사소한 성취에서 행복을 느낀다.

다음은 한글의 매력에 빠져 죽을 때까지 윤동주 시인과 한국을 사랑한 일본의 시인 이바라기 노리코가 쓴 시 「답」의 일부분이다.

할머니
할머니
할머니는 이제껏
언제가 제일 행복했어?

열네 살의 어느 날
나는 문득 물었다
할머니가 참말로 쓸쓸해 보이던 날

지나온 세월을 이리저리 더듬으며
천천히 생각하실 줄 알았는데
할머니는 의외로 단번에 대답하셨다

"아이들을 화로에 둘러앉혀 놓고
떡을 구워줬을 때"

눈보라치는 저녁
눈의 마녀가 나타날 것 같던 밤

어스름한 램프 밑에 대여섯 명
화로 앞에 다닥다닥 붙어 앉아 있었다
아이들 사이에 우리 엄마도 있었으리라

이바라기 노리코가 말하는 참된 행복은 '엄청나게 크고 높은 일'에서 찾은 것이 아니라 '작고 낮은, 지극히 사소한 일'에서 느꼈다고 답하고 있다. 노리코는 진정한 행복은 무엇인가에 대한 답을 아주 오랫동안 준비해온 것처럼, 누군가가 물어봐 주기를 기다렸다는 듯이 구체적이고 빠른 대답을 내놓았다. 행복감이 충만해진 순간은 크고 높은 성취를 이루었을 때가 아니라 지극히 사소하고 평범한 일상인 '아이들을 화로에 둘러앉혀 놓고 떡을 구워줬을 때'라고 명료하게 답을 했다. 화롯불 위에 올려놓은 떡이 익어가는 모습, 한쪽 면이 익으면 떡을 돌려 다른 쪽 면을 익히면서 아이들이 이 떡을 먹으면서 해맑게 웃는 모습을 떠올리며 아이들의 행복이 곧 자신의 행복이라 생각하며 입가에 미소를 띠며 떡을 굽는 지극히 사소한 일에서 크고 깊은 행복을 느끼는 것, 김정희 시인의 가치관과 시적 성향이 이바라기 노리코의 가치관이나 시적 성향과 무척 닮아있다. 김정희 시인의 작품들에서 공통

적으로 찾아볼 수 있는 것이 무욕無慾과 순수의 세계다. 무욕과 순수의 마음이 빚어낸 시를 바르게 이해하기 위해선 독자들도 시를 읽는 순간만큼이라도 무욕과 순수의 세계에 가까운 마음을 지녔을 때 가능하다. 김 시인의 시는 읽는 독자들로 하여금 무욕의 세계와 순수의 세계에 닿게 하는 묘한 끌림을 가지고 있다.

무욕과 순수한 마음이 빚어낸 김정희 시인의 시세계는 '마음의 본향'에 닿아 있다. 그 순수한 마음의 본향에 닿기 위한 날실과 씨실 역할, 노둣돌과 징검돌 역할을 한 소재들이 어린이, 어머니, 녹차, 이슬, 꽃, 고향과 자연이다. 특히 오랜 세월 자연 속에서 차와 함께 생활해 오신 김 시인의 시에서는 잘 우려낸 차향이 그득하다. 그 향기의 무늬를 맡기 위해 차향과 같은 순수한 마음의 본향 속으로 빠져 보기로 한다.

어린아이의 순수한 영혼에서 만난 본향

인간의 영혼이 가장 순수해지는 순간이 어린이를 보고 있을 때라고 한다. 어쩌면 그 동심이 인간의 본향인지도 모른다. 현실 세계에서 만난 고달픔이나 세파에 시달림을 겪은 어른이라면 어린 시절의 꿈과 순수했던 시절을 되새김질하면서 마음의 위로를 얻고 잃어버린 어린 시절의 꿈과 순수했던 세계를 복원하고자 하는 꿈을 꾼다. 안타깝게도 모든 어른은 어린 시절로 되돌아갈 수가 없다. 그래서 어른들은 어린 시절로 돌아가는 대신 '어린이'란 존재를 사랑하거나 '어린이'의 생각과 '어린이'가 하는 놀이를 공유함으로써 어린 시절의 꿈과 그 순수함 언저리에 닿아 스스로 동심의 세계로 회귀할 수 있다고 믿는다. 어린 시절로의 회귀를 통해 순수한 동심을 회복하고 싶은 마음에서 김 시인은 손녀 '자연'이와 정서적 동일시를 꿈꾸었던 것이다. 그렇게 함으로써 김 시인의 마음속에 어린 시절의 추억과 순수성을 오래오래 간직하고자 했던 것일지도 모른다.

전주 이씨 항렬편 작은 책을 들고
자연이가 제 일기를 읽는다

오늘 밭에 풀이 누워 있었다
그래서 일을 했다
매화나무 밑에 앉아 할아버지, 할머니 아빠와 함께
새참을 먹었다

소풍 같으다
나도 일을 했다
아빠도 일을 했다

글자 상관없이 책장을 넘긴다
고물고물 하루를 읽는다

―「자연이의 일기」 전문

김정희 시인은 손녀인 자연이가 읽어주는 일기 속 내용을 듣고, 자연 그대로의 자연이의 마음을 만났을 것이다. 자연이는 즐거웠다, 행복했다는 말은 하지 않았지만 소묘素描식으로 써 놓은 일기에서 가장 즐겁고 행복했던 소풍 같은 순간으로 표현해 놓았다. 수십 번을 읽고 수백 번을 들어도 지겹지 않고 귀엽고 사랑스러운 손녀의 모습이 떠오를 것이다. 손녀와 동일시identification한 김 시인도 세상에서 가장 순수한 세계에 닿을 수 있었을 것이다.

봄빛과 쪽빛 가득한 바닷가
손자 따라 물수제비 띄우면
바다도 햇살도 까르르 한 가족

"할머니 바다가 좋아"
쬐끄만 찔렁게 한 마리 치켜들고
신기해 어쩔 줄 몰라 하는
네 살배기 하준이
멀리서 밀려오는 작은 파도도
상냥하게 하트모양 짓는다

꼬마천사
이슬처럼 영롱하고
별처럼 반짝이는
초록별 예쁜 내 손자
그 맑은 눈빛 앞에서는
나는 아무것도 고집할 수가 없네

—「손자 사랑」 전문

네 살배기 손자가 할머니를 따라 하는 것이 아니라, 김 시인이 손자 하준이의 행동을 따라 물수제비를 뜬다. 그 순간 밀려오는 파도도 어린 하준이를 향해 하트 모양을 짓는다. '이슬처럼 영롱하고/별처럼 반짝이는/초록별 예쁜 내 손자/그 맑은 눈빛 앞에서' 시인은 어른으로서의 생각, 관습 등 모든 것을 잊고 순수의 세계로 돌아갈 수밖에 없었을 것이다. 손자의 순수한 모습에 동화된on identification 그 순간이 김 시인이 가장 행복했던 순간이 아닐까 하는 생각이 든다. 이바라기 노리코가 시 「답」에서 '아이들을 화로에 둘러앉혀 놓고/떡을 구워줬을 때'의 순간처럼 진정한 행복에 빠져든 순간이었고 무욕과 순수한 세계를 마음에 담은 순간이었을 것이다.

시 「자연이 출국하는 날」에서 김 시인이 표현한 것처럼 '코를 찡긋하며/배꼽 인사'를 하는 손녀의 모습과 「여백」에서 검버섯 핀 손으로 책장을 넘기는 김 시인 곁에서 '귀 쫑긋하는 손녀'를 바라본 시인은 '꿈길을 걷'고, 함박꽃웃음을 머금은 채 '오색무지개를 따라'가는 느낌과 함께 '깊게 팬 주름살에/보랏빛 미소 흐르'는 기분이었을 것이다. 이러한 느낌을 경험하는 순간이 바로 천진무구한 어린이의 순수의 세계인 마음의 본향으로 돌아가는 경지를 맛보는 순간이 아닐까 하는 생각을 해 본다. 김 시인의 순수한 마음이 이러한 경지에 닿게 했는지도 모른다.

녹차의 맑은 향기에서 맡은 시의 본향

천진무구한 어린이한테서 순수함을 찾아냈던 것처럼 맑고 순한 향기와 연록색 빛을 내뿜은 녹차에서도 김 시인은 수수한 세계를 만났을 것이다. 김 시인과 녹차와의 인연은 깊고 오래되었다. 남강이 흐르는 사천 곤명면 금성리에 자리한 사천 녹차단지를 부군과 함께 일구었다. 녹차에 대한 애정이 남달랐던 김 시인이다.

조각달을 이어붙인
낮달이 뜬다

찻잎 따는 아낙의 등
연록색 상현달로 휘어가는 하루

홰치는 장끼의 울음에
찻빛으로 이우는
봄날

—「녹차밭」 전문

'조각달을 이어붙인 낮달', '찻잎 따는 아낙의 등', '연록색 상현달로 휘어가는 하루', '홰치는 장끼의 울음', '찻빛으로 이우는 봄날' 등에는 모두 찻잎의 이미지가 배어 있다. 모양과 색깔과 소리가 절묘하게 어우러져 찻잎의 이미지를 명징하게 묘사해 놓고 있다. 아침 일찍부터 저물녘까지 찻잎을 따 본 사람만이 만날 수 있는 정경이다. 찻잎이 지닌 색깔과 모양에 취한 김 시인의 마음에 찻잎처럼 깨끗한 품성과 순수한 이미지가 스며 있음을 느낄 수 있다.

곡우 지난 따스한 봄날
예쁜 찻잎 곱게 따서
우리들의 이야기
차 한 잔 맑게 우려내고 싶다

산기슭 뻐꾸기 울음마저
찻잔 속에 빠져 있는 해거름

—「고요를 품다」 전문

도회지에서 멀리 떨어져 시골에서 살고 있는 김 시인은 가끔은 사람이 그리울 때도 있었을 것이다. 그 그리움과 가깝게 닿게 하는 매개가 차다. '예쁜 찻잎 곱게 따서/우리들의 이야기/차 한 잔 맑게 우려내고 싶다'며 시골 생활의 외로움과 찻물의 순수함을 우려내어 오랜 세월 잊고 살아온 벗과 차를 나누면 '산기슭 뻐꾸기 울음마저/찻잔 속에 빠져 있는 해거름' 무렵, 고요를 품은 봄날과 우정이 더욱 깊어지는 정경을 떠올릴 수 있다. 찻잔 앞에서 무욕과 순수의 낯빛을 마주하며 나누는 대화에서 분명 녹찻빛 향기가 우러났을 것이다.

하얀 둥근달이 고즈넉하게 내려앉은 밤
다우들 예쁜 한복 차려입은 모습
달빛과 어우러진 한 폭의 그림이네
—「달빛 차회」 일부분

연꽃 향이 번지는 사천 초전공원 잔디밭, 차담을 나누며 마시는 다우들의 찻잔에 살포시 내려앉은 보름달과 함께 천상의 이야기를 나누고 있는 모습을 떠올려 본다. 온 세상 하얀 달빛 다포를 깔아놓은 공원에서 조곤조곤 나누는 차담은 눈과 귀를 맑게 해서 신선의 경지에 닿게 할 것 같다. 찻잔 속에는 보름달과 시인의 모습이 한데 얼려 무욕과 순수의 세계를 찻물 위에 그려놓았을지도 모른다.

녹차에 대한 사랑이 김 시인의 삶을 녹차의 빛과 향기를 풍기도록 한 것 같다. 그 녹차는 가끔 세상의 문을 여는 길이면서 마음의 본향에 닿는 길로 안내하는 매개가 아닐까 하는 생각을 해 본다.

자연과의 교감에서 만난 시의 본향

자연은 인간의 예술적 창작 활동에 끊임없는 영감을 제공한다. 자연의 아름다움은 문학과 예술의 창작 활동의 모태가 되는 경우가 많다. 특히 시는 자연의 다양한 모습과 그 아름다움을 담아내기에 매우 유용한 장르다. 또한 자연은 시인들에게 수많은 영감을 제공하는 매체가 된다. 김정희 시인 역시 이러한 자연의 다양한 모습을 통해 시적 영감을 얻음으로써 자신의 인생과 자연의 섭리를 치환하여 문학적으로 형상화시켜 놓고 있다. 가을 가고 겨울 가고 봄이 오는 섭리를 보면서 시인은 몇 번이나 큰 수술을 한 자신을 돌아보며 삶을 바라보는 눈이 깊어지고 그 영혼은 더욱 성숙해졌음을 읽을 수 있다. 그 결과 김 시인의 삶과 시는 무채색으로 맑아졌고 스스로 무욕과 순수한 삶을 일구어 왔음을 감지할 수 있다.

땅거미 찾아드는
어스름 내리면
소복으로 단장한
여인의 모습처럼
소박하기 그지없는 하얀 미소

햇살 내리는 한낮에는
소란스러운 세상사에
그 하얀 속살 들킬세라
주름 문 내리고 외면하고

조용히 잠드는 적막한 밤이면
달빛과 별빛의 품속에서
외로움 삭혀
해맑은 빛으로 어둠 밝히며

맑은 밤이슬 가득 머금고
밤새도록 순백을 다듬는
소박하고 순결한 여인의 마음
내 마음에도 박꽃이 피고 지고

—「박꽃」 전문

'소박하기 그지없는 하얀 미소'로 '달빛과 별빛의 품속에서/외로움 삭혀/해맑은 빛으로 어둠 밝히'며 '밤새도록 순백을 다듬는/소박하고 순결한 여인의 마음'으로 핀 박꽃을 보면서 김 시인의 마음도 그러한 박꽃으로 피고 지는 삶을 꿈꾸었다. 박꽃을 가까이하고 박꽃을 사랑함으로써 박꽃이 지닌 소박하면서도 순백純白한 삶을 닮으려고 한 시인의 마음을 읽을 수 있다. '땅거미 찾아들'고 '어스름 내리'는 '적막한 밤'에 달빛과 별빛을 안고 피어나는 박꽃의 모습은 단순히 소박하고 순결한 모습을 넘어서 숭고함까지 느껴진다. 어쩌면 시인은 그런 숭고함을 꿈꾸며 살았는지도 모른다. 그래서 지금 김 시인의 삶은 무욕無慾과 순수가 스며 있는 숭고함 쪽으로 휘어져 있다.

따스한 햇살 곱게 내려앉으면
우리 집 정원 봄의 개막식
며칠 전 매화는
어느 집 규수의 돌려 홈친 치맛자락처럼
귀티가 나더니
어느새 활짝 새하얀 나비 되어 앉은 모습
때 묻은 내 마음 부끄러워 움찔해지네

—「봄은 열리고」 일부분

'따스한 햇살'이 내려앉은 정원에 봄의 개막식을 알리는 매화, 다소곳이 치마를 차려입은 여염집 처녀처럼 곱고 귀티가 나는 모습을 보고는 시인은 매화에 앉은 흰나비처럼 고절孤節한 삶을 살아가고 싶었는데, 현실 속 자신을 돌아보며 '때 묻은 내 마음 부끄러워 움찔'하고 있다. 김 시인이 궁극적으로 닿고자 한 세계는 '때 묻은' 내면이 아니라 매화와 흰나비처럼 고절하고 순수한 모습이었을 것이다. 김 시인은 봄마다 뜨락을 가득 메운 매화를 정성껏 보살펴 오면서 이미 매화의 아치고절雅致高節이 온몸에 스몄으리라 생각한다.

산 그림자 조용히 내려앉으면
재잘거리던 새들
고요 속 찾아들고

산꿩 날갯짓
고즈넉이 들리면
지난 세월 내 눈앞에 서성인다.

잔디 깔린 앞마당
맑은 웃음소리 뛰어다니고

무공해의 새순들
환한 꽃으로 피어나
튼실한 열매로 주렁주렁
저 산 그림자 자라서
들녘 보랏빛으로 덮이면
또 하루가 저문다

수 없이 내려왔던 산 그림자는
늘 그 자리에 변함이 없건만
지나온 나의 삶은
세월에 저며 둔 아픔으로 익어

다솔사 저녁예불 목탁소리에 묻어오네

—「어느 날 해거름에」 전문

논둑에서
벼들을 바라보았다

참 힘들었지
이 가을

이게 어디 너 혼자만의

황홀함이겠는가

—「벼들을 바라보며」 전문

자연의 섭리와 김 시인의 인생을 치환하여 표현해 놓고 있다. 하루가 저물 무렵인 해거름 격인 시인의 인생을 바라보며 삶을 조망하는 깊은 눈과 더욱 성숙해져 있는 영혼을 만날 수 있다. '저 산 그림자 자라서/들녘 보랏빛으로 덮이면/또 하루가 저문다', '논둑에서/벼들을 바라보았다//참 힘들었지/이 가을'. 자연의 이치를 헤아리고 삶에 대한 깨달음의 세계에 닿은 사람만이 이끌어낼 수 있는 표현이다. 저런 경지에 닿는 순간 시인은 황홀해지는 법이다. 해거름의 시간과 늦가을의 아름다움을 볼 줄 아는 사람만이 맛볼 수 있는 황홀감이다.

그리움과 애틋함의 원천源泉인 어머니와 고향

굽은 등이 추운 겨울이다
무너지고 주저앉은 육신을 바라보는
서쪽 하늘 붉게 물들이는 노을처럼
마지막 밝혀주는 등불
소리 없이 들리는 우레

축 처진 어깨 내려앉은 가슴으로
새벽마다 염주 돌리며 기도하시는 어머니
내 기도가 거기까지 찾아갈 수 있을까
엄마 영성으로 들려요
동그랗게 굽은 어머니의 등 뒤에선
잔잔한 법문이 흐른다

—「어머니」 전문

'굽은 등, 무너지고 주저앉은 육신, 노을, 마지막 등불'과 같은 어머니의 모습이 '소리 없이 들리는 우레, 내려앉는 가슴'으로 다가와 마침내 김 시인의 가슴에 '영성, 법문'으로 남는다. 생명을 탄생한 모든 부모님은 신이다. '어머니(엄)'와 '아버지(압)'는 신의 다른 이름이다. 육신의 뿌리이면서 영혼의 시원始原이고, 몸과 영혼의 고향이다. 어머니와 고향은 곁에 있으면 따뜻함이지만 떠나 있으면 애틋함과 그리움으로 다가온다. 그러한 정서가 어쩌면 마음의 본향에서 느낄 수 있는 정서다. 사람은 누구나 고향이 있고 모두가 어머니가 있다. 고향과 어머니를 마음에 품고 사는 한 따뜻함과 그리움, 그리고 애틋함을 안고 살아간다. 김 시인의 '내 기도가 거기까지 찾아갈 수 있을까'란 말에서 자신의 어머니에 대한 따뜻함, 그리움, 애틋함이 늘 어머니의 언저리에 머물고 있음을 느낄 수 있다.

언젠가는 찬란한
한때도 있었던가
저 거미 같은 몸을
저녁 햇볕을 쬐며 걷는다

수많은 언덕 넘어
흘러온 오늘
남을 것도 모자람도 없는
노인의 지난 세월

짙은 그림자 하나 황혼을 그리고 있다
—「황혼」 일부분

김정희 시인에겐 '저 거미 같은 몸을 저녁 햇볕에 쬐며 걷는' 노인, '수많은 언덕 넘'은 '짙은 그림자 하나 황혼을 그리고 있'는 노인은 어머니일 수도 있고, 시인 자신일 수도 있고, 저물어가는 모든 존재일 수도 있다. 단순히 한 노인의 황혼을 그려놓은 것이 아니라, 인간의 아름다운 종착지로서의 황혼을 그려놓고 있다. '거미 같은 몸'은 무욕의 세계와 닿아있고 '남을 것도 모자람도 없는 세월'은 달관의 세계와 닿아있다고 볼 수 있다. 무욕과 달관의 눈으로 세상을 바라볼 때 비로소 구할 수 있는 아름다운 황혼의 경지를 시로 표현해 놓고 있다.

잘 말린 곶감 한 접시
윗목에 두고
전설처럼 정겨운 추억의 바다를
거닐어 보는 밤

빨래 씻던 개울물은
꽁꽁 얼어붙어
썰매 타던 동심들
웃음소리 쟁쟁하고

따스한 차 한잔에
세월의 실타래
풀었다 감았다 하는 밤

문풍지 샛바람에
졸음에 겨운 등잔불 가물거리고

어둠은 깊어가는데

멀리서 부엉이 소리만
저 혼자 구슬픈 밤
　　　—「겨울밤」 전문

'잘 말린 곶감 한 접시'로 허기를 견뎌냈고, '졸음에 겨운 등잔불 가물거리는 밤'과 '부엉이 소리 저 혼자 구슬픈 밤'이 무서움으로 깊어가던 고향의 겨울밤, 지금은 '따스한 차 한잔에/세월의 실타래/풀었다 감았다 하'면서 애틋한 추억으로 남아있는 고향, 어머니와 더불어 그리움과 애틋함의 정서로 시인의 가슴속에 남아있다. 김 시인에겐 어머니와 고향이 시적 정서의 원천이면서 본향이다.

무욕과 순수의 세계가 낳은 감동

로마제국의 유명했던 시인 호라티우스는 자신의 저서 『시학』에서 '쾌감(감동)을 주기 위한 창작물은 가능한 한 사실에 가까워야 한다'고 했다. 김정희 시인의 시는 대부분 경험과 사실에 바탕을 두고 쓴 작품들이다. 김 시인의 시가 독자들에게 깊은 울림을 주는 이유는 경험과 사실에 바탕을 두고 진솔하게 표현했기 때문이라 생각한다.

그리고 마음의 본향인 어린이와 자연, 어머니와 고향을 소재로 삼아 무욕과 순수의 세계를 구현함으로써 독자들에게 더 깊은 감동을 선사했다고 생각한다. 무욕과 순수의 마음이 담긴 작품으로 큰 감동을 건네주신 김정희 시인께 깊은 감사의 마음을 드린다.